I0796252

LR

Deutsche Gedichte zweisprachig

Kurmanjî-Kurdisch / Deutsch

Herausgegeben und übersetzt von

Abdullah İncekan

Umschlagabbildung: stockio.com

Bibliografische Information der Deutschen Nationalbibliothek
Die Deutsche Nationalbibliothek verzeichnet diese Publikation in der Deutschen Nationalbibliografie; detaillierte bibliografische Daten sind im Internet über http://dnb.dnb.de abrufbar.

ISBN: 978-3-95490-507-2
eISBN: 978-3-95490-558-4
https:doi.org/10.29091/9783954905584

www.reichert-verlag.de

Gedruckt auf säurefreiem Papier
(alterungsbeständig – pH7, neutral)
Printed in Germany

Ji bo bibîranîna şehîdên qetlîama „Enfalê“

In Erinnerung an die Opfer des „Anfal“-Genozids

Naverok / Inhalt

Pêşgotin

Hilbijartina vê guldesteyê yeke şexsî ye, subjektîf e, lewra gava şiîrek xweşî min çûye, min ew wergerandiye ser zimanê Kurdî. Kronolojîk nine; şiîr ji dem û dewrên cihê ne û hejmara şairên min jê wergerandîye kêm e. Ew ne antolojî ye; herwiha fotoya tevahîya şiîra Almanî jî jê dernakeve, lewra gelek navên mûhîm yên edebîyata Almanî tê de cî negirtine. Lê digel van xalan jî kesên ku min şiîr jê girtine latên bingehîn yên kanona edebîyata Almanî ne; tevahîya wan di edebîyat û şiîra Almanî da xwedîyê nav û nasnameyeke berz in.

Pirranîya şiîrên Goethe ji Dîwana wî ya Rojhilat û Rojava hatine girtin. Min nîyet kiribû ez temamîya Dîwanê tercume bikim, lê hetanî niha ji destê min ev werger derketin. Loma jî şiîrên wî yên di vê kitêbê da pirranî bi rengekî taybet in, dînî ne, ku Goethe ne tenê ew e.

★★★

Çîroka min û şiîrê jî çîrokeke kevn e. Gava di payîzekê de weke zarokekî piçûk min welatê xwe terk kir, payîza jîyana min jî destpê kir. Îdî cîhana ku ez tê de malnişîn bûm, nemabû. Ax, çem û çîya, bêhn û hewa îdî nemabûn. Di tenêtîya dil de tenê tiştek di destê min de mabû: Ziman. Her tişt îdî bûbû ziman ji bo min: Kalik û pîrik, dost û heval, çîrok û stran... Ziman ne tenê mecaza welat, ew welat bi xwe bû û tim û bi min re bû. Ziman welat bû îdî. Û welat bi min re bû. Tevahîya jîyana min li dora wî diçû û dihat. Min ew jî wenda bikira, hebûna xwe wenda dikir. Tenê stûnek mabû. Nifşê min jîyanek dijîya, min jî nobedarî dikir li cîhana di dilê xwe de. Her ji ber vî tiştî li maleke ji kitêban xalî min li herfên efsûnî xwedîtî dikir, da ku di valahîya bêwelatîyê de wenda nebim. Û ji ber ku herfa herî efsûnî şiîr bû, ez jî li dora wê gêr dibûm. Şiîr û şiîr û şiîr...

Çîroka min û şiîrê bi vî awayî destpê dike. Gava ez hînî zimanên din bûm, min destpê kir, tiştên min dixwend, wergerînim ser zimanê dilê xwe. Bi wî awayî ew ê şêlû nebaya û her û her zindî bima.

Roj ew roj in, ez û ev herfên efsûnî li dora hev diçin û tên. Ez û ew; ew û ziman; ziman û welat, welat û hesret... Hesret û evîn... Evîn û ax... Ax û cîhana wenda...

Belê, nifşê min hê jî jîyana xwe dijî, ez di tenêtîya dil de bi wan herfên efsûnî ra me...

***

Ji hêja Huseyîn Zana re ji ber pêşnîyazên wî spasdar im; camêr bi sebreke mezin li ser her peyvî sekinî. Herwiha Selman Dilovan jî pirranîya şiîran xwendin û bi ked û fikrên xwe tevlî vê xebatê bû.

Vorwort

Die Entstehung dieser Sammlung deutscher Gedichte beruht auf der zweifachen Entwurzelung meiner Person von meiner Muttersprache und Identität. Kurz möchte ich sie beschreiben, weil sie auch zur Erfahrungswelt der überwiegenden Mehrheit der im deutschen Sprachraum lebenden 1,5 Millionen KurdInnen gehört: Als ein Kind kurdischer Eltern wuchs ich bis zur Einschulung in der Geborgenheit meiner Muttersprache Kurmancî-Kurdisch auf. Sie war etwas Natürliches und gehörte wie mein ganzes Dasein zu meiner Persönlichkeit. Bei der Einschulung wurde ich jedoch plötzlich mit der Tatsache konfrontiert, dass meine Muttersprache keine Sprache sei. Sie war verboten und durfte nicht benutzt werden. Sogar der Klobesuch musste in einer anderen Sprache, in der Sprache einer anderen Nation erfolgen, die ich bis dahin nicht beherrschte und die bisher nicht zu meiner Lebensrealität gehört hatte. So waren wir SchülerInnen gezwungen, in dieser für uns völlig fremden Sprache den Eingang ins Schulleben zu finden. Diese neue Erfahrung, die mit Tortur und Prügel durch die Lehrer einherging, führte bei vielen von uns zu einer Art Verstummung, ja zu einer Sprachlosigkeit, die weitreichende (und auch traumatische) Folgen für uns hatte.

Nach der Grundschule zogen wir nach Deutschland zu meinem Vater, der hier bereits lange als Gastarbeiterkind lebte. In einer uns unbekannten Umgebung und Sprache mussten wir nun sehen, wie wir zurecht kamen. Meine Mutterprache und ethnische Zugehörigkeit war damals in Deutschland kaum bekannt. Nach Außen waren wir Türken; unter den Türken waren wir „die aus dem Osten".

Auch die Beziehung zur deutschen Sprache war anfänglich sehr problematisch. Ohne meine Eltern einzubeziehen (sie kannten leider das deutsche Schulsystem nicht) meldete mich der Schulleiter einer Grundschule an einer Hauptschule an, die keinerlei Pläne hatte, uns „Seiteneinsteigern" die deutsche Sprache zu vermitteln. Ich kam direkt in den Regelunterricht und musste zusehen, wie ich klar kam. Unser Lebenslauf war dem Schulsystem damals noch nicht wichtig genug, um Rahmenbedingungen zu schaffen, die den Zugang in die Landessprache erleichtern oder überhaupt ermöglichen könnten.

Als Nancy, ein wildhübsches Mädchen aus der DDR, neu in die Klasse kam und für sie Extrastunden im Fach Englisch organisiert wurden, merkte ich, dass mir keiner helfen würde: Entweder lernte ich die deutsche Sprache oder ich musste mit der Zukunft in einer Fabrik rechnen. Ich weiß zwar nicht wie, aber diese Abstraktion rettete mir das Leben und ich begann, mir autodidaktisch (das Wort lernte ich später) die deutsche Sprache beizubringen. Aus Trotz gab ich mir alle Mühe, um mit Nancy auf dem selben Niveau zu stehen.

Nun möchte ich den Bogen schließen: Beide Situationen konnten die Muttersprache nicht aus meinem Leben verdrängen. Ich brachte mir das Schreiben in Kurmancî-Kurdisch ebenfalls autodidaktisch bei und begann Gedichte, die mir gefielen, in diese Sprache zu übersetzen. Die erste Veröffentlichung von Übersetzungen aus dem Französischen ins Kurdische erfolgte im Jahr 1996 – zu einer Zeit, als ich versuchte das Abitur zu machen.

Seitdem übersetze ich immer wieder Gedichte (aber auch andere Textsorten) in eine Sprache, die aus dem Leben ihrer SprecherInnen getilgt werden soll – in der Hoffnung, dass die Stimme der Lyrik alle anderen Stimmen übertönt und das Kurdische im öffentlichen Leben, wie jede andere Sprache auch, eine Existenz bekommt.

★★★

Die Auswahl der Gedichte ist rein subjektiv; jedoch trotzdem repräsentativ für die deutsche Lyrik. Die meisten Gedichte Goethes sind seinem West-Östlichen Diwan entnommen.

Die beiden Vorworte in diesem Band sind, da unterschiedlich akzentuiert, keine 1:1-Übersetzungen.

Reklam

Lê em biçin kûderê
xemê nexwe, bê xem be
Gava tarî û serma dikevin erdê
bê xem be
lê
bi mûzîkê
em çi bikin
bi coş û bi mûzîkê
û çi bifikirin
bi coş
digel zanîna ku em fanî ne
digel mûzîkê
û bibin kuderê
ya baş
pirsên xwe û barana tevahîya salan
çûyîna ber bi cilşoxaneya xeyalan - xemê nexwe, bê xem be
û çi diqewime
ya baş
gava bêdengîya mirinê

xuya dibe

Reklame

Wohin aber gehen wir
ohne sorge sei ohne sorge
wenn es dunkel und wenn es kalt wird
sei ohne sorge
aber
mit musik
was sollen wir tun
heiter und mit musik
und denken
heiter
angesichts eines Endes
mit musik
und wohin tragen wir
am besten
unsre Fragen und den Schauer aller Jahre
in die Traumwäscherei ohne sorge sei ohne sorge
was aber geschieht
am besten
wenn Totenstille

eintritt

Ingeborg Bachmann (1926–1973)

Her Roj

Şerr îdî nayê îlan kirin,
tê dewam kirin. Tişta nedîtî
dibe perçeyek ji jîyanê. Qehreman
dûr dikeve ji şervanan. Zeîf
ketîye nava sinorên agir.
Unîformaya rojê sebr e,
xelat stêrka belengaz
a hêvîyê ye li ser dil.

Xelat tê dayîn,
gava îdî naqewime tiştek,
gava kerr dibe dengê dahola agirî
gava dujmin îdî naxwîyê
û sîya zirxên sîlehan
ewran digre.

Xelat tê dayîn
ji bo nefreta ji alayan,
ji bo cesareta li hember dostan,
ji bo îxaneta sirrên bêqîmet
û îtaetnekirina
her emrî.

Alle Tage

Der Krieg wird nicht mehr erklärt,
sondern fortgesetzt. Das Unerhörte
ist alltäglich geworden. Der Held
bleibt den Kämpfen fern. Der Schwache
ist in die Feuerzonen gerückt.
Die Uniform des Tages ist die Geduld,
die Auszeichnung der armselige Stern
der Hoffnung über dem Herzen.

Er wird verliehen,
wenn nichts mehr geschieht,
wenn das Trommelfeuer verstummt,
wenn der Feind unsichtbar geworden ist
und der Schatten ewiger Rüstung
den Himmel bedeckt.

Er wird verliehen
für die Flucht von den Fahnen,
für die Tapferkeit vor dem Freund,
für den Verrat unwürdiger Geheimnisse
und die Nichtachtung
jeglichen Befehls.

Ingeborg Bachmann (1926–1973)

Sirgûn

Mirîyekî gerok im ez îdî
- li tu derê ne qeydkirî
li împaratorîya sedrazam nenasek;
û fizûlî me li bajarên zêrîn
û li welatê şêneşîn

ji zû da ye ez derkenarkirî
û bi tu awayî ne di bîra kesî da

Tenê ba û dem û deng bi min ra

û nikarim bijîm di nav mirovan

Ez bi zimanê xwe
bi sîya ewrên li dora xwe
Ku mal e ji bo min
digerim di nav zimanên din

Ax çiqas şevereş dibin dengê
dilopên baranê yên tarî
tenê hinek dibarin ji wan

Ew diwelidînin mirîyan ber bi asîmanên vekirî

Exil

Ein Toter bin ich der wandelt
gemeldet nirgends mehr
unbekannt im Reich des Präfekten
überzählig in den goldenen Städten
und im grünenden Land

abgetan lange schon
und mit nichts bedacht

Nur mit Wind mit Zeit und mit Klang

der ich unter Menschen nicht leben kann

Ich mit der deutschen Sprache
dieser Wolke um mich
die ich halte als Haus
treibe durch alle Sprachen

O wie sie sich verfinstert
die dunklen die Regentöne
nur die wenigen fallen

In hellere Zonen trägt dann sie den Toten hinauf

Ingeborg Bachmann (1926–1973)

Çi be, ew e

Bê feyde ye
dibêje aqil.
Çi be, ew e
dibêje evîn.
Bêsiûdî ye
dibêje muhasebe.
Tenê êş e
dibêje tirs.
Bê îstiqbal e
dibêje feraset.
Çi be, ew e
dibêje evîn.
Rûreşî ye
dibêje rûmet.
Bêaqilî ye
dibêje dîqet.
Ne mumkin e
dibêje tecrûbe.
Çi be, ew e
dibêje evîn.

Es ist, was es ist

Es ist Unsinn
sagt die Vernunft
Es ist was es ist
sagt die Liebe
Es ist Unglück
sagt die Berechnung
Es ist nichts als Schmerz
sagt die Angst
Es ist aussichtslos
sagt die Einsicht
Es ist was es ist
sagt die Liebe
Es ist lächerlich
sagt der Stolz
Es ist leichtsinnig
sagt die Vorsicht
Es ist unmöglich
sagt die Erfahrung
Es ist was es ist
sagt die Liebe

Erich Fried (1921–1988)

Qebûlkirina bo hevwelatîyê

destê spî
porê sor
çavê hêşîn

kevirê spî
xwûna sor
lêva hêşîn

hestîyê spî
qûma sor
ewrên hêşîn

Einbürgerung

weiße Hände
rotes Haar
blaue Augen

weiße Steine
rotes Blut
blaue Lippen

weiße Knochen
roter Sand
blauer Himmel

Erich Fried (1921–1988)

Rêya dibistanê ya berê

Li ser vê rêyê ewan
ku tehdît dikirin bi deng
bi çendîn salan berîya ku bên
KA BISEKIN!
nesekinîm ez

Li ser vê rêyê bê deng
tehdît dikin çerx û dewran
piştî rûdanên ewqas salan
KA BISEKIN!
û disekinim ez

Alter Schulweg

Auf dieser Straße
wo sie laut drohten
Jahre bevor sie kamen
WARTE NUR
habe ich nicht gewartet

Auf dieser Straße
droht das Vergangene lautlos
Jahre nachdem es verging
WARTE NUR
und ich warte

Erich Fried (1921–1988)

Bêşermî

Kurik
bi henekan
keviran
diavêjin
beqan

Beq
dimirin
bi rastî

Humorlos

Die Jungen
werfen
zum Spaß
mit Steinen
nach Fröschen

Die Frösche
sterben
im Ernst

Erich Fried (1921–1988)

Hîcret

Diderizin bakur û başûr û rojhilat,
Dihejin împarator, hildişin seltenat;
Hîcret bike tu ber bi rojavaya pak;
da ku bêhna eşîrtîyê tu hilîn',
Hem bi stran û evîn û noşîn,
bike ciwan te, kanîya Xizir, ava heyat'.

Li wêrê, li warê pakî û edaletê
dixwazim têkevim li pey şopê
destpêka kûrahîya însanîyetê
Ku hêj hildigrin ji Xwedê
emir û nehyan bi zarê cemaetê
Û serî naêşînin tu carê bi teferuatê.

Ku rûmetdar bûn li wira pîr û kal
destê mêvan naxin ava germ û sar,
Dixwazim şa bibim bi eqlê çardehsal:
Bawerî dûr û kûr, aqil bi sînor,
Ji vê ye ku muhîm bû li wir gotin,
ji ber ku ji dev hatibû avêtin.

Dixwazim têkevim nav şivanan,
Şa bibim bi deşt û zozanan,
Gava rêwî me digel karwanan,
Difroşim caw û qehwe û emberan,
Dixwazim biborim şiverêyan
Ku ji çolan ber bi bajaran...

Hegire

Nord und West und Süd zersplittern,
Throne bersten, Reiche zittern,
Flüchte du, im reinen Osten
Patriarchenluft zu kosten,
Unter Lieben, Trinken, Singen
Soll dich Chisers Quell verjüngen.

Dort, im Reinen und im Rechten,
Will ich menschlichen Geschlechten
In des Ursprungs Tiefe dringen,
Wo sie noch von Gott empfingen
Himmelslehr in Erdesprachen
Und sich nicht den Kopf zerbrachen.

Wo sie Väter hoch verehrten,
Jeden fremden Dienst verwehrten;
Will mich freun der Jugendschranke:
Glaube weit, eng der Gedanke,
Wie das Wort so wichtig dort war,
Weil es ein gesprochen Wort war.

Will mich unter Hirten mischen,
An Oasen mich erfrischen,
Wenn mit Karawanen wandle,
Schal, Kaffee und Moschus handle;
Jeden Pfad will ich betreten
Von der Wüste zu den Städten.

Berjêr û berjor di nav kevir û zinaran
Paqij dikim dil ji kovanan
Ji te dibêjim, ey Hafiz, stranan
Gava distrê serwanê karwan
Li ser pişta hêştirê bi dil û can
da ku bitirsîn' rêbiran û şîyar ke stêran.

Dixwazim li hemam û meyxaneyan
te yad bikim, Hafizê pîroz,
Gava radike yar wê xêlîya serçavan
dihejîne zulfên emberî û kezîyan
Belê, pisepisa evînî ya şaîran
horîyan jî derdixe ji rêyan.

Zinhar jê ra çavnebarîyê nekin!
Yan jî evê jê ra zêde nebînin!
Bizanibin, ku gotinên helbestvan
Li dergahê cennetê dixin
Herdem bi awazek nerm û narîn
Da ku bijîn bi jîyanek cawîdan

Bösen Felsweg auf und nieder
Trösten, Hafis, deine Lieder,
Wenn der Führer mit Entzücken
Von des Maultiers hohem Rücken
Singt, die Sterne zu erwecken
Und die Räuber zu erschrecken.

Will in Bädern und in Schenken,
Heil'ger Hafis, dein gedenken,
Wenn den Schleier Liebchen lüftet,
Schüttelnd Ambralocken düftet.
Ja, des Dichters Liebeflüstern
Mache selbst die Huris lüstern.

Wolltet ihr ihm dies beneiden
Oder etwa gar verleiden,
Wisset nur, daß Dichterworte
Um des Paradieses Pforte
Immer leise klopfend schweben,
Sich erbittend ew'ges Leben.

Johann Wolfgang von Goethe (1749–1832)

Kanîyên rehmetê

Bi tilsim e kevirê eqîq,
Şên û kamran dike bawermenda;
Tew li ser talisekê be ew,
Maç bike wê bi lêvên pîroz!
Peyva li ser nivîsî
bi bîr tîne Xweda,
Dûr dixe ji te tevahîya xirabîya,
Diparêze te û cîyê lê,
Coş û evîn dike te pê;
Û digrin zewq û sefayê
bi taybetî jin jê.

Nivişt jî wiha ne,
Ayetên nivîskî ne li ser kaxeza;
Lê mirov ne bi sinor e,
Mîna cîyê tengê li ser mucewhera
Û ji ruhê teqwa ra rewa ye
hilbijêre sûretên bi ber.
Mêr jî bi hustîyê xwe va dikin
bi bawerî van kaxezên rûhanî.

Segenspfänder

Talisman in Karneol,
Gläub'gen bringt er Glück und Wohl;
Steht er gar auf Onyx' Grunde,
Küß ihn mit geweihtem Munde!
Alles Übel treibt er fort,
Schützet dich und schützt den Ort:
Wenn das eingegrabne Wort
Allahs Namen rein verkündet,
Dich zu Lieb und Tat entzündet.
Und besonders werden Frauen
Sich am Talisman erbauen.

Amulette sind dergleichen
Auf Papier geschriebne Zeichen;
Doch man ist nicht im Gedränge
Wie auf edlen Steines Enge,
Und vergönnt ist frommen Seelen,
Längre Verse hier zu wählen.
Männer hängen die Papiere
Gläubig um, als Skapuliere.

Johann Wolfgang von Goethe (1749–1832)

Fikra azad

Bihêlin siwarê hespê xwe bim!
Bimînin hûn li kon û koşkê xwe!
Û diajom bextewar ber bi bîyanîyê,
Li ser kumê min stêrk tikûtenê.

Wî pedya kir ji bo we stêrk
Da bibînin hûn av û rêç,
Li jor mêze kin hûn bê sekan,
Bo ku bigrin zewq û sefa.

Freisinn

Laßt mich nur auf meinem Sattel gelten!
Bleibt in euren Hütten, euren Zelten!
Und ich reite froh in alle Ferne,
Über meiner Mütze nur die Sterne.

Er hat euch die Gestirne gesetzt
Als Leiter zu Land und See,
Damit ihr euch daran ergetzt,
Stets blickend in die Höh.

Johann Wolfgang von Goethe (1749–1832)

Tilsim

Rojava ye yê Xweda!
Rojhilat e yê Xweda!
Herçî bakur û başûr in,
Aramîyê da di dest' wî nin.

Ew, yê Adilê tekane
Dixwaze bo herkesî edale'
Bira ji sed wesfên wî
Hemd û sena be ev navê wî. Amîn.

Dixwaze min tevlihev bike, tevlihev',
Lê tu derdixî her tiştî ji hev.
Gava tevdigerim, gava distrêm ez,
Bide min tu destûra rêya berz.

Ku fikr û zikrê min tev dunya ye,
Dîsan têr dike, bo qezenca bala ye.
Bi toz û xubarê neke xirab giyanê,
da ku hilkişîne xwe ji bo ezmanê.

Cotek rehmet: Girtin û dana hewayê
Digrî hewayê, xilas dibî jê,
yek tengasî ye, ya din ferahî,
jîyan e, wiha rengareng.
Spasdar be ji Xwedê ra digivêşe te ew,
Û spas bike, dide te valakirina ceger tew.

Talismane

Gottes ist der Orient!
Gottes ist der Okzident!
Nord- und südliches Gelände
Ruht im Frieden seiner Hände.

Er, der einzige Gerechte,
Will für jedermann das Rechte.
Sei von seinen hundert Namen
Dieser hochgelobet! Amen.

Mich verwirren will das Irren;
Doch du weißt mich zu entwirren.
Wenn ich handle, wenn ich dichte,
Gib du meinem Weg die Richte.

Ob ich Ird'sches denk und sinne,
Das gereicht zu höherem Gewinne.
Mit dem Staube nicht der Geist zerstoben,
Dringet, in sich selbst gedrängt, nach oben.

Im Atemholen sind zweierlei Gnaden:
Die Luft einziehen, sich ihrer entladen;
Jenes bedrängt, dieses erfrischt;
So wunderbar ist das Leben gemischt.
Du danke Gott, wenn er dich preßt,
Und dank ihm, wenn er dich wieder entläßt.

Johann Wolfgang von Goethe (1749–1832)

Î'tiraf

Çi bi hêsanî nayê veşartin? Agir!
Dinumîne wî cinawirî
Bi şev alav, bi roj dûman.
Him evîn jî nayê veşartin
bi hêsanî; çiqas binperde be jî,
tê xwendin bi hêsanî ji çavan.
Lê ya zehmettir şiîrek nayê veşartin;
Venaşêre şarezayîya xwe şair.
Ku şiîr nû strabe wî,
hingê tê da xerq bûye bi temamî;
Ku nivîsîbe ew bi bedewî,
Dixwaze jê hez kin alem hemî.
Dixwîne ji herkesî ra bi coş û xuroşî;
Jê ra ne xem e ka ji xelkê ra azar e yan dilxoşî.

Geständnis

Was ist schwer zu verbergen? Das Feuer!
Denn bei Tage verrät's der Rauch,
Bei Nacht die Flamme, das Ungeheuer.
Ferner ist schwer zu verbergen auch
Die Liebe; noch so stille gehegt,
Sie doch gar leicht aus den Augen schlägt.
Am schwersten zu bergen ist ein Gedicht;
Man stellt es untern Scheffel nicht.
Hat es der Dichter frisch gesungen,
So ist er ganz davon durchdrungen.
Hat er es zierlich nett geschrieben,
Will er, die ganze Welt soll's lieben.
Er liest es jedem froh und laut,
Ob es uns quält, ob es erbaut.

Johann Wolfgang von Goethe (1749–1832)

Şiîra xas

Ji çend tiştan pêk were
Divê straneke rasteqîn,
Ku 'am dil pê here,
Û hosta tim guhdêr e?

Berîya her tiştî mijara me
Evîn e, gava em distrên;
Ku kemiland wê stran,
Dê baştir be aheng û kilam.

Û divê zingezing bikin qedeh,
Û bibiriqe rengê yaqût yê şerabê:
Lewra bo evîndaran, bo serxoşan
Meriv silav dide bi tacên herî bedew.

Divê teqûreqa sîlehan jî hebe;
Ku daholên şerr jî biorin;
Ku gava bextewarî alav dide,
Egîd di serkeftinê da ji xwe biçin.

Dû ra divê hin tişt hebin,
ku şair jê nefret bike;
Ku nerind û xûy xirab in,
Û wek bedewan li rûyê zemîn nabin.

Dizane dengbêj bi mêzîn van
çar hêzên qedîm li hev ke,
Wek Hafiz ew dê gelan
bi kêf û coş û nû ke cawîdan.

Elemente

Aus wie vielen Elementen
Soll ein echtes Lied sich nähren,
Daß es Laien gern empfinden,
Meister es mit Freuden hören?

Liebe sei vor allen Dingen
Unser Thema, wenn wir singen;
Kann sie gar das Lied durchdringen,
Wird's um desto besser klingen.

Dann muß Klang der Gläser tönen
Und Rubin des Weins erglänzen:
Denn für Liebende, für Trinker
Winkt man mit den schönsten Kränzen.

Waffenklang wird auch gefodert,
Daß auch die Drommete schmettre;
Daß, wenn Glück zu Flammen lodert,
Sich im Sieg der Held vergöttre.

Dann zuletzt ist unerläßlich,
Daß der Dichter manches hasse;
Was unleidlich ist und häßlich,
Nicht wie Schönes leben lasse.

Weiß der Sänger, dieser viere
Urgewalt'gen Stoff zu mischen,
Hafis gleich wird er die Völker
Ewig freuen und erfrischen.

J. W. von Goethe

Fenomen

Gava ewrên girtî
xwe dighînin Phobus;
Hema dertê pê ra
rengareng keskesor.

Dibînim di mijê da
ez çemberek,
Herçiqas spî be jî,
keskesor e dîsa ew.

Wiha xemgîn nebe
tu jî kalê bikêf:
Li te por spî jî bibin,
tu yê dîsa bibî evîndar.

Phänomen

Wenn zu der Regenwand
Phöbus sich gattet,
Gleich steht ein Bogenrand
Farbig beschattet.

Im Nebel gleichen Kreis
Seh ich gezogen,
Zwar ist der Bogen weiß,
Doch Himmelsbogen.

So sollst du, muntrer Greis,
Dich nicht betrüben,
Sind gleich die Haare weiß,
Doch wirst du lieben.

Johann Wolfgang von Goethe (1749–1832)

Cesaret û Zanîn

Helbestkarî cur'et e,
Bila kes lomeyan neke li min!
Wek min azad û bextewar,
Û xeşîm bin hem xwîn ar.

Ku her dem dikşînim êşê,
Tahl be jî bi min,
Dîsa jî ez ê ji we
Dilnizimtir bim tim.

Lewra dilnizmî zerafet e,
Gava dibe keçik xama,
Dixwaze were xwestin bi maqûlî,
Direve ji yê xav û kûvî.

Û dilnizmî baş e dîsa
Gava dipeyive rûspîyek,
Ku li min şîretan dike
Ji dem û dewranan.

Helbestkarî cur'et e,
Di tenêtîyê da pê mijûl im,
Yên xeşîm, dost û jin,
Hûn jî werin ba min.

Derb und tüchtig

Dichten ist ein Übermut,
Niemand schelte mich!
Habt getrost ein warmes Blut,
Froh und frei wie ich.

Sollte jeder Stunde Pein
Bitter schmecken mir,
Würd' ich auch bescheiden sein,
Und noch mehr als ihr.

Denn Bescheidenheit ist fein,
Wenn das Mädchen blüht,
Sie will zart geworben sein,
Die den Rohen flieht.

Auch ist gut Bescheidenheit,
Spricht ein weiser Mann,
Der von Zeit und Ewigkeit
Mich belehren kann.

Dichten ist ein Übermut!
Treib' es gern allein.
Freund' und Frauen, frisch von Blut,
Kommt nur auch herein!

Keşayê bê serpoş û eba,
Neke galegal li me!
Çendîn tu min diêşînî jî,
Min nakî yekî nefspiçûk, na!

Hevokên te yên vikîvala,
Her min dûr dixin jê,
Min pêlav kevn kirin,
Ji ber reva jê.

Gava digere aşê şair
Qet wî ranewestîne,
Ku yekî em fehm kirin,
wê her me bibexşîne jî.

Mönchlein ohne Kapp' und Kutt',
Schwatz' nicht auf mich ein!
Zwar du machest mich kaputt,
Nicht bescheiden, nein!

Deiner Phrasen leeres Was
Treibet mich davon,
Abgeschliffen hab ich das
An den Sohlen schon.

Wenn des Dichters Mühle geht,
Halte sie nicht ein:
Denn wer einmal uns versteht,
Wird uns auch verzeih'n.

Johann Wolfgang von Goethe (1749–1832)

Wêneyên rêbaz

Guh bide û di dil da veşêre
Şeş cotên evînê.

Nav gurr dike, evîn pêt:
Rustem û Rudabe.

Xerîb nêzîkî hev in:
Yûsif û Zuleyxa.

Evîn, ne encama evînê:
Ferhad û Şîrîn.

Sirf ji bo hev hene:
Mecnûn û Leyla.

Di kaltîye da dinihêre evînî
li Bedîneayê Cemîl.

Hewesa xweş î evînî:
Silêman û esmerê.

Kirin dilê xwe te ev,
di evînê da bi quwet dibî tev.

Musterbilder

Hör und bewahre
Sechs Liebespaare.

Wortbild entzündet, Liebe schürt zu:
Rustan und Rodawu.

Unbekannte sind sich nah:
Jussuph und Suleika.

Liebe, nicht Liebesgewinn:
Ferhad und Schirin.

Nur für einander da:
Medschnun und Leila.

Liebend im Alter sah
Dschemil auf Boteinah.

Süße Liebeslaune,
Salomo und die Braune!

Hast du sie wohl vermerkt,
Bist im Lieben gestärkt.

Johann Wolfgang von Goethe (1749–1832)

Cotek din

Belê, evîn qezenceke bala ye,
Kî dibîne qezenceke balatir? –
Tu nabî dewlemend, ne jî xwedî text,
Lê dişibihî lehengê berz.
Weku meriv behsa pêxember dike,
Wiha qala Wamiq û Ezrayê dike. –
Napeyive li ser, dibêje tenê nav,
Dinase tevahîya gel ewan.
Çi xwarine, çi vexwarine,
Kes nizane pê! Lê ku evîndar bûne,
Dizanin em tev pê. Bes in ev gotin,
Gava pirsa Wamiq û Ezrayê tê kirin.

Noch ein Paar

Ja, Lieben ist ein groß Verdienst!
Wer findet schöneren Gewinst? –
Du wirst nicht mächtig, wirst nicht reich,
Jedoch den größten Helden gleich.
Man wird, so gut wie vom Propheten,
Von Wamik und von Asra reden. –
Nicht reden wird man, wird sie nennen:
Die Namen müssen alle kennen.
Was sie getan, was sie geübt,
Das weiß kein Mensch! Daß sie geliebt,
Das wissen wir. Genug gesagt,
Wenn man nach Wamik und Asra fragt.

Johann Wolfgang von Goethe (1749–1832)

Kitêba xwendinê

Mishefa evînê ye,
ya bêhempa ji nav kitêban.
Min bi dîqet xwend:
şabûn kêmrûpel,
gelek defter jan;
beşek li ser cihêbûnê.
Hevdîtin yeke biçûk î
nîvco. Cildên derdan
bi haşîyeyên dirêj –
bêdawî, bêsînor.

Ey Nîzamî! – Lê te dît rêya rast
di dawîyê da;
muemma xwend; ku kî dikare?
Bi evîna evîndaran.

Lesebuch

Wunderlichstes Buch der Bücher
Ist das Buch der Liebe;
Aufmerksam hab ich's gelesen:
Wenig Blätter Freuden,
Ganze Hefte Leiden;
Einen Abschnitt macht die Trennung.
Wiedersehn! ein klein Kapitel,
Fragmentarisch. Bände Kummers
Mit Erklärungen verlängert,
Endlos, ohne Maß.

O Nisami! – doch am Ende
Hast den rechten Weg gefunden;
Unauflösliches, wer löst es?
Liebende, sich wieder findend.

Johann Wolfgang von Goethe (1749–1832)

Nameya tefkîreyê

Guh bide şîreta mitribê stranbêj,
Ger te dil vekir jê ra, dê ew bibe feydedar,
Ku tinazê xwe pê kir, gotina nazik jî
Bo guhdarê bednîyet dibe bêkêrûbêr.

„Çi distrê mitrib wisa?" Ew distrê bi deng:
Bûka herî bedew ew e, ne ya herî baş e tew;
Lê ku em hesêb kin te weke yeke ji xwe,
Divê tu bixwazî ya herî qenc, ya herî bedew.

Buch der Betrachtungen

Höre den Rat, den die Leier tönt;
Doch er nutzet nur, wenn du fähig bist.
Das glücklichste Wort, es wird verhöhnt,
Wenn der Hörer ein Schiefohr ist.

»Was tönt denn die Leier?« Sie tönet laut:
Die schönste, das ist nicht die beste Braut;
Doch wenn wir dich unter uns zählen sollen,
So mußt du das Schönste, das Beste wollen

Johann Wolfgang von Goethe (1749–1832)

Pênc tişt

Dernayê tu tişt ji van pêncan
Guh bide tu van şîretan:

Ji sînga qurre nawelide dostî;
Hevalê xirabîyê ye bênezaketî;
Xêrnexwaz nabin mezin tucarî;
Gunehê çavnebara nayê bi feqîra;
Pûç e hêvîya derewkar bi bawerî û sedaqet';
Bigre bi van; bira neşêlîne tu kes te ji wan.

Fünf Dinge

Fünf Dinge bringen fünfe nicht hervor,
Du, dieser Lehre öffne du dein Ohr:

Der stolzen Brust wird Freundschaft nicht entsprossen;
Unhöflich sind der Niedrigkeit Genossen;
Ein Bösewicht gelangt zu keiner Größe;
Der Neidische erbarmt sich nicht der Blöße;
Der Lügner hofft vergeblich Treu und Glauben;
Das halte fest, und niemand laß dir's rauben.

Johann Wolfgang von Goethe (1749–1832)

Û pêncên din

Çi – demê kin dike?
Tevger e, tevger!
Çi, wê bi valahî dirêj dike?
Ewaretî ye, ewaretî!
Çi meriv dike deyndar?
Sistî û fersendfirrîn!
Çi meriv dewlemend dike?
Destsivikî û biryarbezîn!
Çi tîne şan û şeref?
Rûmet e, rûmet!

Fünf andere

Was verkürzt mir die Zeit?
Tätigkeit!
Was macht sie unerträglich lang?
Müßiggang!
Was bringt in Schulden?
Harren und Dulden!
Was macht Gewinnen?
Nicht lange besinnen!
Was bringt zu Ehren?
Sich wehren!

Johann Wolfgang von Goethe (1749–1832)

Awirên yarê

Xweş in awirên yarê ku çavan diqirpîne,
Xweş e rûyê serxweş berî ku dinoşîne,
Silava mîrê ku dikare bifermîne,
Xweş e, te germ dike, tava payîzîn e.
Lê ji van tevan xweştir e, bide ber çavan
dema destê delal dirêj dike bi îsrar lutfa giran,
bi spasî qebûl dike her tiştê te dan.
Çi awir! Çi silav! Çi hacet qisedan!
Mêze bike baş lê; tu yê her bidî bi caran.

Lieblich ist des Mädchens Blick, der winket

Lieblich ist des Mädchens Blick, der winket,
Trinkers Blick ist lieblich, eh er trinket,
Gruß des Herren, der befehlen konnte,
Sonnenschein im Herbst, der dich besonnte.
Lieblicher als alles dieses habe
Stets vor Augen, wie sich kleiner Gabe
Dürft'ge Hand so hübsch entgegendränget,
Zierlich dankbar, was du reichst, empfänget.
Welch ein Blick! ein Gruß! ein sprechend Streben!
Schau es recht, und du wirst immer geben.

Johann Wolfgang von Goethe (1749–1832)

Pendname

Û di *Pendnameyê* da çi heye,
Ji dil hatiye gotin:

Herkesê ku tu bi xwe dibexşînê,
tu yê hez bikî jê, wek ji xwe.
Bi aramî dirêj bike her quruşî,
Nede serhev mîrasa zêr û zîvîn;
Bila derbas be dem zû bi zû;
da nekşînî hesretê li ser tiştên borîn.

Und was im Pend Nameh steht

Und was im *Pend Nameh* steht,
Ist dir aus der Brust geschrieben:

Jeden, dem du selber gibst,
Wirst du wie dich selber lieben,
Reiche froh den Pfennig hin,
Häufe nicht ein Goldvermächtnis,
Eile, freudig vorzuziehn
Gegenwart vor dem Gedächtnis.

Johann Wolfgang von Goethe (1749–1832)

Tu diborî di ber nalbendekî ra

Tu diborî di ber nalbendekî ra,
Nizanî çaxtê nal dike ew hespê te;

Dibînî tu di zevîyekî da konekî,
Nizanî tê da dihewîne evîndarekê;

Rastî yekî tê tu; ciwan û serwext,
Derbas dibî tu jê yan ew ji te.

Lê bi rastî dikarî bibêjî ku pê va hene
tiştên xweş bi mêwa tirîyê va bo te.

Bi vî awayî hatiyî dinê tu,
Bira tekrar nebe hin tişt ji nû va.

Reitest du bei einem Schmied vorbei

Reitest du bei einem Schmied vorbei,
Weißt nicht, wann er dein Pferd beschlägt;

Siehst du eine Hütte im Felde frei,
Weißt nicht, ob sie dir ein Liebchen hegt;

Einem Jüngling begegnest du, schön und kühn,
Er überwindet dich künftig oder du ihn.

Am sichersten kannst du vom Rebstock sagen,
Er werde für dich was Gutes tragen.

So bist du denn der Welt empfohlen,
Das übrige will ich nicht wiederholen.

Johann Wolfgang von Goethe (1749–1832)

Silava bîyanîyekî

Bi rûmet e silava bîyanîyekî!
Bi qedr û qîmet e wek ya dostekî.
Piştî çend gotinan hûn dibêjîn „rêya te vekirî“!
Ber bi rojhilat tu, bi çîya û banîyê rojava va ew –
Rastî hev hatin bi tesadufî piştî
Gelek salan, diqêrin hûn bi kêfxweşî:
„Ho tu yî!“ Mîna ku derbas nebûbin
Rêwîtîya li ser erd û behran,
Neçûbin ava dem û dewran.
Biguherîne mal bi mal; parve bike kar!
Dostanîya kevn bibe benek nû –
Silava pêşîn bi qedrê hezaran e,
Loma silava hatiye dayîn bi dostanî lê vegerîne.

Den Gruß des Unbekannten ehre ja!

Den Gruß des Unbekannten ehre ja!
Er sei dir wert als alten Freundes Gruß.
Nach wenig Worten sagt ihr Lebewohl!
Zum Osten du, er westwärts, Pfad an Pfad –
Kreuzt euer Weg nach vielen Jahren drauf
Sich unerwartet, ruft ihr freudig aus:
Er ist es! ja, da war's! als hätte nicht
So manche Tagefahrt zu Land und See,
So manche Sonnenkehr sich drein gelegt.
Nun tauschet War' um Ware, teilt Gewinn!
Ein alt Vertrauen wirke neuen Bund –
Der erste Gruß ist viele tausend wert,
Drum grüße freundlich jeden, der begrüßt.

Johann Wolfgang von Goethe (1749–1832)

Jîyan henekek xirab e

Jîyan henekek xirab e,
Filankes kêmasîya vî tiştî,
Bêvankes ya tiştek din dikşîne.
Yek ji vî kêm naxwaze, yê din zêde,
Û „karîn“ û şans jî dikevin dewrê,
Û gava bextreşî jî ket navê,
herkes barê xwe hildigire.
Ta ku di dawîya dawî da waris,
Bar bikin Birêz Nikare û Naxwaze.

Das Leben ist ein schlechter Spaß

Das Leben ist ein schlechter Spaß,
Dem fehlt's an Dies, dem fehlt's an Das,
Der will nicht wenig, der zuviel,
Und Kann und Glück kommt auch ins Spiel.
Und hat sich's Unglück drein gelegt,
Jeder, wie er nicht wollte, trägt.
Bis endlich Erben mit Behagen
Herrn Kannnicht-Wilnicht weiter tragen.

Johann Wolfgang von Goethe (1749–1832)

Gelo Qur'an ezelî ye

Ma gelo Qur'an ezelî ye?
Napirsim ez vê pirsê!
Yan mexlûq e, çêbûye?
Nizanim ez bersiva vê!
Ku ew kitêba kitêba ye,
Pê bawer im – wek li ber çavê misilmanekî.
Lê heçîka şerab ezelî ye,
Jê ne bi guman im;
Yan melekan çêkiriye,
Belkî jî ev ne tu şiîr e.
Serxoş, çawa dibe bila bibe, temaşe dike
li cemala Xwedayî bi zelalî.

Ob der Koran von Ewigkeit sei?

Ob der Koran von Ewigkeit sei?
Darnach frag ich nicht!
Ob der Koran geschaffen sei?
Das weiß ich nicht!
Daß er das Buch der Bücher sei,
Glaub ich aus Mosleminenpflicht.
Daß aber der Wein von Ewigkeit sei,
Daran zweifl' ich nicht;
Oder daß er vor den Engeln geschaffen sei,
Ist vielleicht auch kein Gedicht.
Der Trinkende, wie es auch immer sei,
Blickt Gott frischer ins Angesicht.

Johann Wolfgang von Goethe (1749–1832)

Rûniştî me bi tenê

Rûniştî me bi tena serê xwe,
Vedixwim tik û tenê şeraba ber xwe,
Li kuderê bim,
dê baştir be ji vî halê min?
Nikare deyne kesek li ber min sînoran,
Wiha bi tenê me bi fikr û ramanan.

Sitz' ich allein

Sitz ich allein,
Wo kann ich besser sein?
Meinen Wein
Trink ich allein;
Niemand setzt mir Schranken;
Ich hab so meine eignen Gedanken.

Johann Wolfgang von Goethe (1749–1832)

Şair

Evîn wek dijminê min e!
Dixwazim îtîraf bikim
ku distrêm bi dilê xemgîn.
Mêze ke carekê li mûman
bi ronîkirinê xwe dixwin.

Êşa evînê li cîkî digerîya,
Yekî perîşan û gelek tenha;
Dît wê dilê min ê xemgîn
û di valahîyê da çêkir hêlîn.

Dichter

Die Liebe behandelt mich feindlich!
Da will ich gern gestehn,
Ich singe mit schwerem Herzen,
Sieh doch einmal die Kerzen,
Sie leuchten, indem sie vergehn.

Eine Stelle suchte der Liebe Schmerz,
Wo es recht wüst und einsam wäre;
Da fand er denn mein ödes Herz
Und nistete sich in das leere.

Johann Wolfgang von Goethe (1749–1832)

Nêzîkbûna Yarê

Ez te difikirim, gava şewqa tavê
di behrê da eks dide.
Ez te difikirim, gava çirûskên heyvê
xwe nîşan didin.
Ez te dibînim, gava li ser rêyên dûr
toz û xubar hildifirrin,
Di kûrahîya şevê da, gava li ser şiverêyê
rêwî dilerizin.
Ez te dibihîzim, gava li peravê
pêl dixuşxuşin,
Û li daristanê digerim bi guhên xitimandî, gava
her tişt bêdeng dimînin.
Li cem te me ez, çiqas dûr dibî-bibe,
nêzîkî min î tu.
Ro diçe ava, gavekê şûnda tenê stêrk diçirisin,
Heywax! Xwezî tu li vir bûya!

Nähe des Geliebten

Ich denke dein, wenn mir der Sonne Schimmer
Vom Meere strahlt.
Ich denke dein, wenn sich des Mondes Flimmer
In Quellen malt.
Ich sehe dich, wenn auf dem fernen Wege
Der Staub sich hebt,
In tiefer Nacht, wenn auf dem schmalen Stege
Der Wandrer bebt.
Ich höre dich, wenn dort mit dumpfem Rauschen
Die Welle steigt.
Im stillen Haine geh ich oft zu lauschen,
Wenn alles schweigt.
Ich bin bei dir; du seyst auch noch so ferne,
Du bist mir nah!
Die Sonne sinkt, bald leuchten nur die Sterne,
O! wärst du da!

Johann Wolfgang von Goethe (1749–1832)

Beq

Cemed girtibû goleke mezin
Beq giş di kûrahîyê da bûn
Nekarîn xwe hilbavêjin, bikin weqweq
Lê di xewn û xeyalan da soz didan:

Ku bidîtana li wê jorê cîyekî
Wan dê bistra wek bilbilekî.

Xûnavek barî, cemed helîya
Azad bûn hemî, çûne kevîya
Rûniştin belawela li perav
Dîsa weqweq kirin wek hergav.

Die Frösche

Ein großer Teich war zugefroren;
Die Fröschlein, in der Tiefe verloren,
Durften nicht ferner quaken noch springen,
Versprachen sich aber, im halben Traum:

Fänden sie nur da oben Raum,
Wie Nachtigallen wollten sie singen.

Der Tauwind kam, das Eis zerschmolz,
Nun ruderten sie und landeten stolz
Und saßen am Ufer weit und breit
Und quakten wie vor alter Zeit.

Johann Wolfgang von Goethe (1749–1832)

Şaşitî

Û wî got: evîn jî
mîna berfê ye; sivik dibare
carna û li ser herkesî
lê namîne li erdê.

Û wê jî got: evîn agir e
tendûrê disincirîne
te nahêle gava disojîne
divê were vemirandin.

Wiha axivîn, wî girt bi destê wê
wê jî nekişand
û wisa li cem hev man.

Mêr helîya, jin daqurtîya
bawer nekirin herdûya
bi evîna heta mirinê.

Irrtum

Und mit der Liebe sprach er ists
wie mit dem Schnee: fällt weich
mitunter und auf alle
aber bleibt nicht liegen.

Und sie darauf die Liebe ist
ein Feuer das wärmt im Herd
verzehrt wenn's dich ergreift
muß ausgetreten werden.

So sprachen sie und so griff
er nach ihr sie schlug nicht aus
und blieb auch bei ihm liegen.

Er schmolz sie ward verzehrt
sie glaubten bis zuletzt an keine Liebe
die bis zum Tode währt.

Ulla Hahn (geb. 1945)

Strana Kevn

Kal bû ew padîşah,
porspî û dilgiran,
pîr û feqîr ew padîşah
ew dîl kiriye jinek ciwan.

Bedew bû ew xort,
aqilsivik, por rengê zêran.
Digirt bi fîstanê hevrîşim
yê mîrzadeya ciwan.

Nas dikî tu strana kevn?
Ewqas şêrîn, ewqas xemgîn!
Lê bêçare bûn; herdu jî mirin,
Û pir ji hev hez dikirin.

Das alte Lied

Es war ein alter König,
Sein Herz war schwer, sein Haupt war grau;
Der arme alte König, er nahm eine junge Frau.

Es war ein junger Page,
Blond war sein Haupt, leicht war sein Sinn;
Er trug die seidne Schleppe
Der jungen Königin.

Kennst du das alte Liedchen?
Es klingt so süß, es klingt so trüb!
Sie mußten beide sterben.
Sie hatten sich viel zu lieb.

Heinrich Heine (1797–1856)

Mirin

Heyat rojek bêhnçikîn,
Ro diçe ava, xewa min
tîne, ez kerixandim rojê.

Li ser nivîna min şîn dibe darek,
Dixwîne li ser bilbilek kilamek;
Ew distrê li ser evînê,
Dibhîzim ez di xewnê da.

Der Tod, das ist die kühle Nacht

Der Tod, das ist die kühle Nacht,
Das Leben ist der schwüle Tag.
Es dunkelt schon, mich schläfert,
Der Tag hat mich müd' gemacht.

Über mein Bett erhebt sich ein Baum,
Drin singt die junge Nachtigall;
Sie singt von lauter Liebe,
Ich hör' es sogar im Traum.

Heinrich Heine (1797–1856)

Mîna kulîlkekê yî tu

Mîna kulîlkekê yî tu
Wisa sadiq û bedew û pak,
li te mêze dikim ez, teng
dibe dil li min.

Bi min wisa tê divê ez
destê xwe di serê te bidim
bi dua ji Xwedê ku bihêle te
wisa pak û bedew û sadiq.

Du bist wie eine Blume

Du bist wie eine Blume,
So hold und schön und rein;
Ich schau' dich an, und Wehmut
Schleicht mir ins Herz hinein.

Mir ist, als ob ich die Hände
Aufs Haupt dir legen sollt',
Betend, daß Gott dich erhalte
So rein und schön und hold.

Heinrich Heine (1797–1856)

Belzasar

Şev îdî nîvê şevê û tarîbar bû
Babîl sakin û bêdeng û bê zar bû

Li jorê diçirisî tenê qesra qral,
Li derûdora wî, xuroşpiroşa şelaqan bû

Li wê jorê Belzasar, li qesra xwe'y bala
Dixwar xwarina xwe ya qirala

Xulam rûniştîbûn di bin fanosên efsûnî
Dinoşîyan şerab ji qedehên camînî

Şingîna şûşeyan bû, xulxula xulaman,
Qralê pozbilind ji kêfa difirîyan

Dişewitî xumarî - agirê rûyê wî
Bi şerabê zêde dibû cesareta bêperwayî

Cesareta korane hevsarê wî diqetîne,
Heqaret dike l' Îlah - gotinên gunehkar dibarîne

Qurrequrre heqaret dike bi hovanî
Garana xulaman mil didê bi nezanî

Belzasar ji jor da bi heybet diqîre,
Xizmetkar bi lez û bez diçe-w dizîvire

Li ser serê xizmetkar gelek alavên zêrîn,
Ku ji perestgeha Yehova hatibûn dizîn

Belsazar

Die Mitternacht zog näher schon;
In stiller Ruh' lag Babylon.

Nur oben in des Königs Schloß,
Da flackert's, da lärmt des Königs Troß.

Dort oben in dem Königssaal
Belsazar hielt sein Königsmahl.

Die Knechte saßen in schimmernden Reihn,
Und leerten die Becher mit funkelndem Wein.

Es klirrten die Becher, es jauchzten die Knecht';
So klang es dem störrigen Könige recht.

Des Königs Wangen leuchten Glut;
Im Wein erwuchs ihm kecker Mut.

Und blindlings reißt der Mut ihn fort;
Und er lästert die Gottheit mit sündigem Wort.

Und er brüstet sich frech, und lästert wild;
Die Knechtenschar ihm Beifall brüllt.

Der König rief mit stolzem Blick;
Der Diener eilt und kehrt zurück.

Er trug viel gülden Gerät auf dem Haupt;
Das war aus dem Tempel Jehovas geraubt.

Qedehek pîroz ta lêvikê tijî,
Belzasar radihêjê bi destê xwe'y gunehkar

Bi ser xwe da dike, ta dilopa binî
Diqîre bi devê xwe'y kef û genî:

„Ey Yehova! te red dikim heta hetanê -
Qralê Babîlonê ez im, qralê Babîlonê!"

Lê çawa ku qedîya peyva kirêtî,
Ket sîngê qral xofek nedîtî

Sekinî ji nişka va kenê zirrînê
Eywan bêdeng ma – bi bêdengîya mirinê

Û binihêre! û binihêre! li dîwarê spî,
Derket destek, weke destê mirovî

Û nivîsî-w nivîsî li dîwarê spî
Herfên agirî, nivîsî-w wenda bû

Qral matmayî ma rûniştî,
Bi çokên lerizî, reng û rû lê miçiqî

Xizmetkar rûniştine şaş û maş,
Û rûniştine bê deng û bê zar

Sêrbaz hatin, lê nekirin îzah
Nivîsa agirî – ya li ser dîwar

Hat kuştin heman şevê Belzasar
Bi destê xulaman û xizmetkar.

Und der König ergriff mit frevler Hand
Einen heiligen Becher, gefüllt bis am Rand.

Und er leert ihn hastig bis auf den Grund,
Und rufet laut mit schäumendem Mund:

»Jehova! dir künd ich auf ewig Hohn –
Ich bin der König von Babylon!«

Doch kaum das grause Wort verklang,
Dem König ward's heimlich im Busen bang.

Das gellende Lachen verstummte zumal;
Es wurde leichenstill im Saal.

Und sieh! und sieh! an weißer Wand
Da kam's hervor wie Menschenhand;

Und schrieb, und schrieb an weißer Wand
Buchstaben von Feuer, und schrieb und schwand.

Der König stieren Blicks da saß,
Mit schlotternden Knien und totenblaß.

Die Knechtenschar saß kalt durchgraut,
Und saß gar still, gab keinen Laut.

Die Magier kamen, doch keiner verstand
Zu deuten die Flammenschrift an der Wand.

Belsazar ward aber in selbiger Nacht
Von seinen Knechten umgebracht.

Heinrich Heine (1797–1856)

Bi xatirê te

Dergûşa bedew a êşên min,
Mezelê bedew ê aramîya min,
Bajarê bedew! Divê ji hev biqetin em -
Bi xatirê te! diqîrim ji kûrahîya dil.

Bi xatirê te, şêmûga pîroz,
Ku delalîka min bû li wir dilsoz,
Bi xatirê te, cîyê pîroz,
Ku li xwe werqilîm li wir ez.

Şehnişîna dilan ya bedew,
Nedîta min tu qet ti dem,
Tucarî nedimam ez
Wiha bêhêz û bêdeng.

Nedixwest tucarî bilivînim dilê te,
Nedipa min evîn ji te,
Dixwast bijîm bi sikûnet,
Li mekanê ku nefes digirt û distand te.

Lê ji vir jî tu dehf didî min,
Bi gotinên bi êş ku dertên ji dev,
Aqil diçe ji serê min,
Û dil birîndar û nexweş.

Û laşê min bê hêz û qewet,
Muhtac im ez bi gopalê bê wext,
Ta ku deynim mezelekî hênik
serîyê westîyayî tê da rehet.

Lebewohl

Schöne Wiege meiner Leiden,
Schönes Grabmal meiner Ruh,
Schöne Stadt, wir müssen scheiden, –
Lebe wohl! ruf' ich dir zu.

Lebe wohl, du heilge Schwelle,
Wo da wandelt Liebchen traut;
Lebe wohl! du heil'ge Stelle,
Wo ich sie zuerst geschaut.

Hätt ich dich doch nie gesehen,
Schöne Herzenskönigin!
Nimmer war es dann geschehen,
Daß ich jetzt so elend bin.

Nie wollt ich dein Herze rühren,
Liebe hab ich nie erfleht;
Nur ein stilles Leben führen
Wollt ich, wo dein Odem weht.

Doch du drängst mich selbst von hinnen,
Bittre Worte spricht dein Mund;
Wahnsinn wühlt in meinen Sinnen,
Und mein Herz ist krank und wund.

Und die Glieder matt und träge
Schlepp' ich fort am Wanderstab,
Bis mein müdes Haupt ich lege
Ferne in ein kühles Grab.

Heinrich Heine (1797–1856)

Dostî

Dostî, evîn, teberuka welîya,
Bihîst min pesnê van hersêya,
Min jî pesin da û gerîyam li wan
Heyhat! Qet rast nehatim li wan.

Freundschaft, Liebe, Stein der Weisen

Freundschaft, Liebe, Stein der Weisen,
Diese dreye hört' ich preisen,
Und ich pries und suchte sie,
Aber ach! ich fand sie nie.

Heinrich Heine (1797–1856)

Name

Nameya ji min ra nivîsîye te
min natirsîne qet.
Naxwazî tu îdî ji min hez bikî,
lê wê nameyê dirêj dikî.

Donzdeh rûpelên tije û bedew!
Muswedeyek biçûk e ew!
Ewqas dirêj nanivise meriv,
gava xatir dixwaze.

Der Brief, den du geschrieben

Der Brief, den du geschrieben,
Er macht mich gar nicht bang;
Du willst mich nicht mehr lieben,
Aber dein Brief ist lang.

Zwölf Seiten, eng und zierlich!
Ein kleines Manuskript!
Man schreibt nicht so ausführlich,
Wenn man den Abschied gibt.

Heinrich Heine (1797–1856)

Hez dike xortek ji keçekê

Ciwanek hez dike ji keçekê,
Hilbijart wê yekî din;
Yê din hez dike ji yeka din,
Û xwest ew ji bavê wê.

Zewicî ji tirsê keçik bi
mêrê pêşîn yê
rast hatê; xirab e
rewşa lawikê ciwan.

Çîrokeke kevn e,
lê tim dimîne nû:
Ger bi serê yekî da hat,
Şûşa dilê wî dişkîne.

Ein Jüngling liebt ein Mädchen

Ein Jüngling liebt ein Mädchen,
Die hat einen andern erwählt;
Der andre liebt eine andre,
Und hat sich mit dieser vermählt.

Das Mädchen heiratet aus Ärger
Den ersten besten Mann,
Der ihr in den Weg gelaufen;
Der Jüngling ist übel dran.

Es ist eine alte Geschichte,
Doch bleibt sie immer neu;
Und wem sie just passieret,
Dem bricht das Herz entzwei.

Heinrich Heine (1797–1856)

Ji dunyayê çawa çûne

Ji dunyayê çawa çûne
evîn û sedaqet û bawerî,
û wiha biha qehwe,
û wiha kêm pere! - - -

Namînin lîstikên zaroktîyê
û namîne tiştek -
pere û dunya û dem,
û bawerî û evîn û sedaqet.

Wie Lieb' und Treu' und Glauben

Wie Lieb' und Treu' und Glauben
Verschwunden aus der Welt,
Und wie so teuer der Kaffee,
Und wie so rar das Geld! - - -

Vorbei sind die Kinderspiele,
Und alles rollt vorbei -
Das Geld und die Welt und die Zeiten,
Und Glauben und Lieb' und Treu'.

Heinrich Heine (1797–1856)

Ji bo Hafiz

(Pirsa kesê tenê avê vedixwe)

Meyxaneya ku te ava kirî,
mezintir e ji her avahî,
meya ku te çêkirî,
naqedîne xelk û alem tevahî.
Kewa ku zemanekî zimrûdê enqa bû,
mêvan e li mala te,
mişkê ku, çîyayek jê zayî,
ew bi xwe yî tu – hema-hema!

Tu her tişt û ne ti tişt î,
mey û meyxane yî,
zimrûdê enqa, mişk û çîya yî,
xerq dibî daîmî di xwe da,
firr didî fersex-fersex ji xwe da –
tu mexriba tevahîya bilindahî,
sîya tevahîya kûrahî,
serxoşîya tevahîya serxoşa yî
– çi j' te ra, çi j' te ra – şerab?

An Hafis

(Frage eines Wassertrinkers)

Die Schenke, die du dir gebaut,
ist größer als jedes Haus,
Die Tränke, die du drin gebraut,
die trinkt die Welt nicht aus.
Der Vogel, der einst Phönix war,
der wohnt bei dir zu Gast,
Die Maus, die einen Berg gebar,
die - bist du selber fast!

Bist Alles und Keins, bist Schenke und Wein.
Bist Phönix, Berg und Maus,
Fällst ewiglich in dich hinein,
Fliegst ewig aus dir hinaus -
Bist aller Höhen Versunkenheit,
Bist aller Tiefen Schein,
Bist aller Trunkenen Trunkenheit
wozu, wozu dir - Wein?

Friedrich Nietzsche (1844–1900)

Zêde ditirsim ji gotina mirovan

Zêde ditirsim ji gotina mirovan;
Her tiştî fesîh dibêjin
Ev kuçik e û ew jî xanî,
Li vir destpêk, li wir dawî.

Meraq dikim îdraka wan; lîstika wan bi tinazan
her tiştî dizanin ew, çi dibe û çi bûye
Çîyayek jî ne xarîqulade ye ji bo wan
digihê dergehê Xwedê bax û bostanê wan.

Dixwazim tim hişyar bikim û biparêzim: Xwe dûr bikin!
Wisa bi eşq guhdarî dikim; tişt distrên
Hûn dest didinê: ew dimiçiqin û bêdeng dibin.
û hûn dikujin her tiştê min.

Ich fürchte mich so vor der Menschen Wort

Ich fürchte mich so vor der Menschen Wort.
Sie sprechen alles so deutlich aus.
Und dieses heißt Hund und jenes heißt Haus,
und hier ist der Beginn und das Ende ist dort.

Mich bangt auch ihr Sinn, ihr Spiel mit dem Spott,
sie wissen alles, was wird und war;
kein Berg ist ihnen mehr wunderbar;
ihr Garten und Gut grenzt grade an Gott.

Ich will immer warnen und wehren: Bleibt fern.
Die Dinge singen hör ich so gern.
Ihr rührt sie an: sie sind starr und stumm.
Ihr bringt mir alle die Dinge um.

Rainer Maria Rilke (1875–1926)

Rîsaleta Mihemed

Serbilind û bi deng û nûr
gava ket hûndirê şikefta wî
Milyaketê mezin û meşhûr
Dest vekêşa ji dozê û rica kir,

bikaribe bimîne mîna berê
ew esnafê sergerdan ji gerrên dinê;
ew qet nexwendabû – û niha jî
peyveke *wiha*, giran e jibo arifan.

Lê milyaketê, nîşanî wî da bi îsrar
Peyvên nivîsî li ser pela wî
berneda dev jê û xwest: *Bixwîne.*

Îdî wî xwend: ku milyaket xwe tewand
Û ew yekî xwenda jî bû îdî
Dikarîbû, îtaet dikir û dianî cî.

Mohammeds Berufung

Da aber als in sein Versteck der Hohe,
sofort Erkennbare: der Engel trat,
aufrecht, der lautere und lichterlohe:
da tat er allen Anspruch ab und bat

bleiben zu dürfen der von seinen Reisen
innen verwirrte Kaufmann, der er war;
er hatte nie gelesen - und nun gar
ein solches Wort, zu viel für einen Weisen.

Der Engel aber, herrisch, wies und wies
ihm, was geschrieben stand auf seinem Blatte,
und gab nicht nach und wollte wieder: Lies.

Da las er: so, daß sich der Engel bog.
Und war schon einer, der gelesen hatte
und konnte und gehorchte und vollzog.

Rainer Maria Rilke (1875–1926)

Ger çavên min birjînî

Ger çavên min birjînî jî, dikarim bibînim te,
guhên min jêbikî jî, dikarim bibihîsim te,
û bêyî nig jî dikarim bême cem te,
û bê dev jî dikarim sond bixwim bi te,
çengên min bişkînî jî, mîna destekî
digirim bi dil te,
dilê min raweste jî, wê mêjîyê min bijene,
mêjî bişewitînî jî,
ez ê te bi cî bikim di nav xwîna xwe.

Lösch mir die Augen aus

Lösch mir die Augen aus: ich kann dich sehn,
wirf mir die Ohren zu: ich kann dich hören,
und ohne Füße kann ich zu dir gehn,
und ohne Mund noch kann ich dich beschwören.
Brich mir die Arme ab, ich fasse dich
mit meinem Herzen wie mit einer Hand,
halt mir das Herz zu, und mein Hirn wird schlagen,
und wirfst du in mein Hirn den Brand,
so werd ich dich auf meinem Blute tragen.

Rainer Maria Rilke (1875–1926)

Strana Sêwîyekî

Ez reben im û dê her reben bimînim
Ji bo hebûnê hê piçûk im,
Niha jî, paşê jî...

Bavno, dayikno,
Gunehê xwe bi min bînin!

Ez ne layîqî cehda xwedîlêderketinê,
Lê dîsa jî têm xwedîkirin.
Ji bo tukesî kêrî tiştekî nayêm: niha hê zû,
sibero jî dereng e.

Kirasê min ev tenê ye,
her ku diçe zirav û sipîçorkî,
Lê gelek deyax dike
Belkî li ba Xwedê jî.

Porê min tenê evê hindik e
(tim wek xwe mabû)
Ku carekê delalê ber dilê yekê bû.

Va ye îdî ew jî ji tu kesî hez nake.

Das Lied der Waise

Ich bin Niemand und werde auch Niemand sein.
Jetzt bin ich ja zum Sein noch zu klein;
aber auch später.

Mütter und Väter,
erbarmt euch mein.

Zwar es lohnt nicht des Pflegens Müh:
ich werde doch gemäht.
Mich kann keiner brauchen: jetzt ist es zu früh
und morgen ist es zu spät.

Ich habe nur dieses eine Kleid,
es wird dünn und es verbleicht,
aber es hält eine Ewigkeit
auch noch vor Gott vielleicht.

Ich habe nur dieses bisschen Haar
(immer dasselbe blieb),
das einmal Eines Liebstes war.

Nun hat er nichts mehr lieb.

Rainer Maria Rilke (1875–1926)

Çavkanî – Quellennachweis

Wir bedanken uns für die freundliche Genehmigung der noch urheberrechtlich geschützten Werke bei den Rechteinhabern.

Amadekar û Wergêr / Herausgeber und Übersetzer

Dr. Abdullah İncekan nivîskar, zimannas û pedagogekî Kurd e ku hevwelatîyê Almanyayê ye. Wî li zanîngeha Duisburg-Essenê beşên Germanîstîk, Turkolojî û Pedagojîya Înterkulturel/Zimanê Almanî wek Zimanê Dudiyan xwendin.

Doktoraya xwe li zanîngeha Bambergê di beşa General Linguistic da li ser hin xalên zimanê Kurdî kir. Ew bi sê zimanan, bi zimanê Kurdî, Almanî û Tirkî dinivîse.

★

Dr. Abdullah İncekan, deutscher Autor, Sprachwissenschaftler und Pädagoge kurdischer Herkunft studierte an der Universität Duisburg-Essen Germanistik, Turkistik und Interkulturelle Pädagogik/Deutsch als Zweitsprache.

Seine Dissertation an der Universität Bamberg im Bereich General Linguistic verfasste er über Aspekte der kurdischen Sprache. Incekan schreibt und veröffentlicht in den drei Sprachen Kurdisch, Deutsch und Türkisch.

Kitêbên wî yên hetanî niha derketine / Bisherige Buchpublikationen:

- Verbvalenz im Deutsch und Kurdischen und ihre Darstellung in ausgewählten Wörterbüchern. Universität Duisburg-Essen (2005): Linguistic Agency.
- Ez Kurdî Hîn Dibim - Pratik Kürtçe Dersleri. Istanbul (2009, 7. Aufl.): Nûbihar.
- Kurdisch Kompakt (Lehrbuch mit Lösungsschlüssel und CD). Wiesbaden (2010, 2. Aufl.): Dr. Ludwig Reichert Verlag.
- „Eine Hand voller Sterne“ im Unterricht. Weinheim und Basel (2012): Beltz Verlag.
- Şivan Perwer – Efsaneya Zindî. Istanbul (2012, 2. Aufl.): Nûbihar.
- Compact Kurdish – Kurmanji. Wiesbaden (2014): Dr. Ludwig Reichert Verlag.
- Geçişli Fiiller ve Ergativ. Istanbul (2014): Nûbihar.
- Umudun Sesi – Şivan Perwer. Istanbul (2015): Timaş Yayınları.
- Ji şairekî ciwan re name – Rainer Maria Rilke. Istanbul (2016): Nûbihar. Übersetzung der Briefe Rilkes „an einen jungen Dichter“.

Kurdisch Kompakt
Lehr- und Übungsbuch
mit Lösungsschlüssel und CD
Von Abdullah Incekan
8°. 274 S., br., 50 s/w-Abb., inkl. Audio-CD
(978-3-89500-720-0)

Der „Kompaktkurs Kurdisch (Kurmancî) mit CD" liefert in 19 Kapiteln praxis-orientiert Grundkenntnisse des Kurdischen. Jedes Kapitel besteht aus einem authentischen Text, Vokabelangaben, Grammatikerklärungen sowie Übungen. Die Texte sowie mehrere Übungen zur Aussprache können über die mitgelieferte Audio-CD gehört werden. Die Bilder und Grafiken dienen der Veranschaulichung der Textinhalte. Der Kompaktkurs eignet sich für alle, die im Selbststudium oder im Sprachkurs das Kurdische (auch ohne Vorkenntnisse) lernen oder ihre Kenntnisse vertiefen möchten. Ein umfangreicher Anhang mit Schlüssel, einem Vokabelverzeichnis Kurdisch-Deutsch und Deutsch-Kurdisch, einer Liste der beiden Verbstämme sowie einem Grammatikindex runden den Band ab.

Compact Kurdish - Kurmanji
Textbook with Exercises, Key
and Audio–CD
By Abdullah Incekan
8°. 276 pp., pb., 70 ill. b/w, incl. Audio-CD
(978-3-89500-959-4)

This text book systematically provides the basis of the Kurdish language (Kurmanji) in a practice-oriented format in 19 chapters. Each chapter consists of an authentic text, vocabulary, grammatical explanations as well as exercises. The texts and several pronunciation exercises can be listened to on the provided audio-CD. The pictures and graphics serve as an illustration of the text contents. The textbook is suitable for self-study or language courses and aimed at students who want to learn Kurdish from the beginning or deepen their knowledge. A comprehensive appendix with a key, a vocabulary list of Kurdish-English and English-Kurdish, a list of the two verb stems as well as a grammar index completes the book.